A LEI DAS XII TÁBUAS

FERNANDA CARRILHO

A LEI DAS XII TÁBUAS

ALMEDINA

A LEI DAS XII TÁBUAS

AUTORA
FERNANDA CARRILHO

EDIÇÃO
ALMEDINA

DEPÓSITO LEGAL
283825/08

**Biblioteca Nacional de Portugal
- Catalogação na Publicação**

CARRILHO, Fernanda

A lei das XII tábuas
ISBN 978-972-40-3574-1

CDU 340

INTRODUÇÃO

A *Lei das XII Tábuas,* ou *Lex Duodecim Tabularum,* representa um marco de incontestável relevância na vida do *Populus Romanus* que irá influenciar a prática jurídica, não só em Roma, como em todo o Império Romano. Esta é considerada a mais antiga lei escrita de que se tem conhecimento no mundo ocidental, data de meados do século V a.C. (cerca de 450 a.C.) e contém normas do direito público, do direito privado e do direito processual. O historiador Tito Lívio denomi-na-a "fonte de todo o direito público e privado"[1], metáfora esta mais tarde recuperada por Pompónio[2].

---

[1] Tito Lívio, *História de Roma*, III,34.
[2] Pompónio, *Digesto*, 1,22,6.

Até então, existia somente um *ius non scriptum*, o direito era considerado de origem divina e assentava no poder dos *mos maiorum*. Contudo, a determinada altura, a desigualdade entre patrícios e plebeus acentuou, ainda mais, o fosso já existente entre as duas classes e deu lugar a grandes lutas. Perante esta situação, em 494 a.C., os plebeus organizam uma revolta, abandonam a cidade e refugiam-se no Monte Sagrado. Como consequência imediata, a cidade fica à mercê dos inimigos. Incapazes de controlar a situação, os patrícios cedem e criam os Tribunos da Plebe, passando esta classe a ter veto nos actos do senado.

Todavia, as diferenças persistiam e, para colocar termo a esta arbitrariedade, em 462 a.C., o tribuno Gaio Terentílio Arsa sugere que as leis passem a ser escritas e aplicáveis a todos, para ser mais equitativo o tratamento entre patrícios e plebeus. Nesse sentido, em 452 a.C. foram enviados à Grécia três embaixadores (Spurio Postumio Albo, Aulo Manlibe, Publio Sulpício Camerino) para estudarem as leis de Sólon[3]. Nesse mesmo ano foram nomeados dez magistrados (*decenviros legibus scribundis*) que redigiram e apresentaram X tábuas em 451 a.C., posteriormente expostas no Fórum para serem aprovadas nos comícios por centúrias.

Contudo, este trabalho foi considerado incompleto, pelo que foi criado um novo decenvirato que, no prazo de um ano, teve a seu cargo redigir e apresentar mais duas tábuas[4], o que aconteceu em 450 a.C. Estas últimas, juntamente com as dez iniciais, formaram a *Lei das XII Tábuas*, também conhecida como *Código Decenviral* (*Lex Decemviralis*), pelo facto de terem sido elaboradas

---

[3] Tito Lívio, *História de Roma*, III,31.

[4] Segundo Cícero, estas continham, na sua grande maioria, leis iníquas "duabus tabulis iniquarum legum additis" (Cícero, *De Republica*, I,3,37).

pelos *decemviri*. Foram gravadas em tábuas[5], no ano 449 a.C.[6], e afixadas no Fórum para que todos tivessem conhecimento do seu conteúdo. Um incêndio empreendido pelos gauleses contra Roma, em 390 a.C., terá levado à perda da Carta de Constituição do povo romano, seis décadas após a sua elaboração.

O que hoje existe são alguns fragmentos lacónicos escritos em latim arcaico, num estilo bárbaro[7], e reconstituições realizadas por

---

[5] Uns autores referem que as tábuas seriam de madeira, outros de bronze ou, ainda, de marfim. Contudo, não se sabe, ao certo, qual terá sido o material de suporte.

[6] De referir que a tão almejada igualdade entre patrícios e plebeus só veio a acontecer, efectivamente, em 287 a.C., com a promulgação da *Lex Hortencia*.

[7] A presença deste estilo leva o filólogo Bréal a concluir que o latim das XII tábuas é anterior ao séc. V a.C., não só devido aos arcaísmos vocabulares,

historiadores e jurisconsultos, como Dionísio, Festo, Gaio, Macróbio, Pompónio, Quintiliano e Ulpiano, entre muitos outros. Na época de Cícero já se encontravam reconstituídas, pois ele refere que "Discebamos enim pueri XII ut carmen necessarium, quas iam nemo discit"[8].

As lapidares fórmulas da *Lei das XII Tábuas* vigoraram, dentro do espaço romano, até ao séc. VI e, depois desta data, saltaram fronteiras e estenderam-se a todo o Império.

Terminamos esta breve apresentação com as palavras de Cícero que constituem um verdadeiro hino a este código: "Podem indignar-se à-vontade, mas direi o que sinto: as bibliotecas de todos os filósofos, ultra-

---

como à rudeza dos costumes (Michel Bréal in *Journal des Savantes*, 1902, pp. 509-608).

[8] "De facto, nós em crianças aprendíamos de cor as XII tábuas como uma oração necessária, o que hoje em dia já ninguém faz" (Cícero, *De legibus*, II,23,59).

passa-as, por Hércules, em meu entender, um só livrinho, o das *Doze Tábuas*, fonte e cabeça das nossas leis, pelo peso da sua autoridade e pela riqueza da sua utilidade."[9]

---

[9] Cícero, *De Oratore*, Livro I.

A LEI DAS XII TÁBUAS

Afastada a possibilidade de integrar as *leges regiae* na legislação romana, com valoração de "fonte legal", o ponto de partida da problemática da lei no *ius romanum* é a *Lei das XII Tábuas*, apesar da dificuldade em manter a tradição interpretativa até aqui estabilizada, apesar da aceitação, pelo menos parcial, da crítica especializada, dada a impossibilidade de uma reconstrução textual rigorosa das suas prescrições.

Por outro lado, já não é possível explicar o seu conteúdo a partir da sistematização dos respectivos fragmentos feita por Dirksen. Como bem explicou Talamanca, a *Lei das XII Tábuas ou Código Decenviral* é apenas uma codificação parcial dos *mos maiorum* vigentes em Roma, que não cobriu os aspectos da fenomenologia socio-económica, com relevo jurídico, da Roma de então. Mas, a sua incompletude e o desconhecimento de alguns dos respectivos conteúdos normativos, não impede a compreensão da efectiva importância dessa Lei na construção criativa do Direito Romano.

A proibição de conceder privilégios por disposição legal contida na *Lei das XII Tábuas* (Tábua IX, 1), texto repetidamente citado por Cícero porque, como disposição jurídica singular, contrariava a generalidade requerida pela lei, constitui um elemento importante da politicidade da *lex* em Roma. Esta faculdade do legislador não era fundada em nenhuma fundamentação de natureza jurisprudencial, mas apenas em opções do legislador, mesmo que explicadas objectivamente.

Com efeito, no plano actual da análise técnico-jurídica e de estilo legístico, a *Lei das*

XII Tábuas constitui um corpo de previsões normativas com natureza abstracta e carácter geral, que reproduz com fidelidade, nas suas sínteses textuais (por contraste com a forma mais analítica das *leges rogatae*), as questões sociais e económicas centrais da época em que foi elaborada. Pela *Lei da XII Tábuas* podemos conhecer os principais factores de conflito e mecanismos de solução gerados numa sociedade assente na família agnatícia, centrada na *potestas* indiscutível do *pater*.

Entre as teses de Ettore Pais, que identifica a *Lei das XII Tábuas* e o *ius Flavianum* e as de Lambert, que faz coincidir a *Lei das XII Tábuas* com o *ius Aelianum* e a tentativa conciliadora de Baviera, não existem razões de fundo para afastarmos a tese tradicional sobre a origem deste texto estar ligada a um compromisso que colocou fim ao conflito entre plebeus e patrícios, sobre o direito a aplicar.

O seu conteúdo inclui prescrições de direito substantivo, nas áreas do direito privado e do direito penal, e desenvolve esquemas de direito adjectivo fixando os pressupostos das diversas *actiones.*

No centro das preocupações dos decenviros estava a observância dos preceitos do *ius Quiritium*, desenvolvidos em torno da família e da complexa teia de relações geradas à volta da *patria potestas*. Por isso, o texto normativo reproduz o que existia, sendo muito reduzido o acrescento de novidade introduzido nas Tábuas da Lei, apesar das tensões sociais e políticas e das transformações económicas que determinaram a sua feitura.

Fazendo um cotejo entre a situação anterior à *Lei das XII Tábuas*, que podemos conhecer nas escassas e indirectas informações que nos chegaram, e aquela que resulta do início da sua vigência, é possível recensear algumas das principais reformas introduzidas no âmbito do direito privado.

A primeira e mais significativa foi a que disciplinava o poder do *pater* e o seu exercício. O *pater furiosus* ou *prodigus* perdia a *patria potestas* e era aberta a *successio ab intestato,* ficando ele entregue ao cuidado (*cura)* de um parente próximo (*agnatus proximus*) ou a um membro da *gens* a que pertencia (*gentiles*). Em caso de morte do *pater familias* ficou prevista a tutela para os *impuberes* e as *mulieres,* menos intensa que a do *pater,* pois estes ficavam com alguma capacidade jurídica.

A sucessão *mortis causa* viu fixada, como regra imperativa, o respeito pelos *legata* do *pater* (a sua última vontade) através da obrigação jurídica de executar o determinado no testamento; ficou fixado que, morrendo o *pater* sem descendendentes, lhe sucedia o *agnatus proximus* e, na ausência deste, os *gentiles.* Também o *libertus* que morresse sem deixar herdeiros, e não tivesse disposto no testamento de forma diferente, o seu património ia para o *patronus*; e institui-se uma *actio divisoria* para os coherdeiros que quisessem sair do *consortium* (a *actio familiae erciscundae*).

De grande relevo foi a normação das relações de vizinhança, as servidões prediais e as acções para defesa da propriedade no novo *instituto* do *dominium* fundiário.

Mas, a mais importante norma de direito privado positivada para o futuro desenvolvimento do *ius Romanum* foi a disciplina jurídica da obrigação, desmaterializando o vínculo que ligava o credor ao devedor. Assim, a *obligatio* deixa de ser tratada como uma ligação material efectiva, mesmo carnal, entre as partes, passando a ser um vínculo ideal, fictício, entre credor e devedor, estruturado em torno de um sujeito que está obrigado a um *dare*, *prestare* ou *facere*, face a outro sujeito, conectando assim os dois actores da relação subjacente.

Numa época em que a defesa da vítima de um crime era feita através da vindicta privada do próprio ou da família (como no homicídio), só intervindo o "Estado" em caso de crimes graves de traição (*perduellio*) e de lesa-religião, em que a comunidade era directamente visada, a *Lei das XII Tábuas* acrescentou penas de morte a outros crimes, como o de incêndio doloso, que embora não fossem executadas pela entidade pública suprema, eram permitidas aplicar pelas famílias das vítimas, quando o réu fosse considerado culpado por sentença.

Longe da publicização do direito, punir as normas que permitiam a aplicação de penas pecuniárias para os crimes, considerados menos graves, constituíram uma das traves mestras de desenvolvimento de um direito penal privado, assente no preço do prejuízo causado pelo delito.

Pelas características voluntaristas e privadas (o impulso inicial era de uma das partes através de uma *actio*) do procedimento *per legis actiones,* a formalização na *Lei das XII Tábuas,* das etapas a cumprir e dos efeitos visados com elas, constituiu um avanço significativo na estabilidade do processo para efectivação de direitos pelas pessoas.

Ficaram aí fixadas duas fases bem distintas: a primeira, *in iure,* que se desenrolava na presença do magistrado; a segunda, *apud iudicem,* que ocorria frente a um juiz privado (*iudex privatus*)[1].

---

[1] Não nos importa aqui a divergência doutrinária em torno de saber se, primeiramente, o processo começava e terminava frente ao mesmo órgão e se

A principal actividade da fase *in iure* era a *litis contestatio*, exercida através das declarações solenes das partes que permitia concretizar os termos exactos da controvérsia que motivava o conflito entre as partes. Frente ao magistrado, as partesexpunham as suas pretensões e este procurava conciliá-las. Se não conseguisse, remetia-as para um *iudex privatus* – abrindo-se a fase *apud iudicem.*

O *iudex* voltava a ouvir as partes e avaliava os meios de prova apresentados para sustentar o afirmado por cada uma delas, pronunciando oralmente uma *sententia* que era definitiva e vinculativa.

A estabilização destas regras e procedimentos sedimentou a dicotomia entre as duas

---

só com as reformas servianas se iniciou a divisão (Voci, Burdese); ou se a bipartição é desde a origem do procedimento *per actiones* (Guarino).

actiones principais: a *legis actio sacramenti/actio generalis* e a *legis actio per manus iniectionem*.

Na primeira, de tipo declarativo, as partes pronunciavam as palavras das fórmulas prefixadas[2], perante o magistrado, e faziam as promessas solenes (*sacramentum*) de pagar uma determinada quantia ao *aerarium*, em caso de *soccombenza*.

A segunda, a mais antiga das *legis actiones*[3], era uma espécie de acção executiva geral, já que efectivava o cumprimento de uma pretensão certa e indiscutível inscrita numa sen-

---

[2] De início, as palavras eram as da fórmula inscrita na *legis actio sacramenti in rem* (no sentido de fazer valer um direito real); depois, também as da *legis actio sacramenti in personam* (criada para a tutela de direitos relativos, centrados na pessoa).

[3] As outras *legis actiones* eram: a *legis actio per pignoris capionem* e a *legis actio per iudicis arbitrive postulationem*; em 367 a.C. acrescentou-se a *legis actio per condictionem*.

tença. Assim, o credor, munido de uma sentença favorável incumprida pelo devedor, forçava-o a ir a juízo (*in iure*) de forma a intimá-lo a pagar. Caso este não o fizesse, reiterando o incumprimento, o credor podia apossar-se do devedor e vendê-lo para se ressarcir do débito.

Estes contributos estabilizadores, resultantes da formalização dos consensos possíveis na tensão política e social que caracterizou o período de transição entre a monarquia e a república, permitem fazer partir daqui (*Lei das XII Tábuas*) o ponto de partida da separação entre o direito público e o direito privado.

Os crimes públicos (*crimina*) eram perseguidos directamente pelo "Estado", através dos seus órgãos, e ficavam sujeitos a uma pena pública, fosse pecuniária ou corporal. Os crimes privados (*delicta* ou *maleficia*) eram perseguidos pelo ofendido ou pela sua família, através das formas próprias do processo privado, com a sanção e a pena privadas a terem natureza apenas pecuniária e em benefício da parte lesada.

A *Lei das XII Tábuas* foi, durante muito tempo, um texto normativo que serviu de âncora à aplicação dos *mores maiorum* e foi grande a importância que os jurisconsultos romanos lhe deram no seu labor criativo, como *fons omnis publici privatique iuris* (na expressão liviana – Lívio, 3, 34, 16).

A *vexata quaestio* de saber se a problemática das fontes, bem como a integração das matérias relativas à *Lei das XII Tábuas*, pertencia à doutrina do direito privado ou à jurispublicística foi superada, desde 1908, por Scialoja, através de uma visão complexiva do fenómeno jurídico, hoje apoiada e refundamentada nas análises contextualizadoras do conteúdo normativo da Lei.

EDUARDO VERA-CRUZ PINTO

LEX DUODECIM TABULARUM[1]

❧

LEI DAS XII TÁBUAS

TABULA I

DE IUS VOCANDO

1. SI IN IUS[2] VOCAT [ITO[3]]. NI IT, ANTESTAMINO[4]: IGITUR EM[5] CAPITO[6].
2. [7]SI CALVITUR PEDEMVE STRUIT[8], MANUM ENDO[9] IACITO[10].
3. [11]SI MORBUS[12] AEVITASVE VITIUM ESCIT[13], IUMENTUM[14] DATO. SI NOLET ARCERAM[15] NE STER-NITO[16].
4. ADSIDUO[17] VINDEX[18] ADSIDUUS ESTO; PROLETARIO[19] [IAM CIVI] QUIS VOLET VINDEX ESTO.
5. NEX [i[20] mancipique][21] FORTI SANATI[22] [que idem ius esto].
6. REM UBI PACUNT[23], ORATO[24].

TÁBUA I
DO CHAMAMENTO A JUÍZO

1. Se alguém for chamado a juízo, (compareça). Se não comparecer, tomem-se testemunhas e prenda-se.
2. Se tentar enganar ou fugir, lança-lhe a mão (prende-o).
3. Se a doença, ou a idade, impedir a locomoção, (aquele que o chama a juízo) dê-lhe um jumento. Se, mesmo assim, não quiser, não há motivo para lhe dar um veículo coberto.
4. Do rico seja fiador também um rico, do pobre, porém, seja qualquer pessoa que o queira.
5. O direito do *nexum* e da *mancipatio* seja o mesmo para o rico e para o pobre.
6. Quando se celebra um pacto, ou convenção, proclame-se oficialmente o acordo.

7. NI PACUNT, IN COMITIO[25] AUT IN FORO[26] ANTE MERIDIEM CAUSAM COICIUNTO[27] COM PERORANTO AMBO PRAESEN TES.[28]

8. POST MERIDIEM PRAESENTI LITEM ADDICITO.[29]

9. SI AMBO PRAESENTES, SOLIS OCCASUS SUPREMA TEMPESTAS[30] ESTO.

10. [31]Cum proletarii et adsidui et sanates et VADES et… SUBVADES[32] et XXV asses et taliones furtorumque quaestio CUM LANCE ET LICIO[33] evanuerint, omnisque illa XII tabularum antiquitas… lege Aebutia[34] lata consopita sit (Aulo Gélio, *Noctes Atticae*, 16,10,8).

7. Se não celebrarem o pacto ou convenção, exponham a causa no comício ou no fórum, antes do meio-dia, estando ambas as partes presentes.

8. Passado o meio-dia, decida-se a lide a favor do litigante que compareceu.

9. Se ambos (autor e réu) estão presentes, que o pôr-do-sol seja o último tempo.

10. Como os termos: plebeus, ricos, sanates, fiadores e sub-fiadores, vinte e cinco asses, taliões e a investigação dos furtos com *lance et lince* e toda a antiguidade das XII Tábuas tenha caído em desuso... foi revogada pela promulgação da *Lei Ébucia*.

[1] Para fazer uma distinção entre as palavras que se julga pertencerem ao texto original e as reconstituições feitas, posteriormente, por diversos autores, as primeiras surgem em maiúscula e as restantes em minúscula.

[2] IN IUS – Surge, aqui, no sentido de *in loco iuris*, ou seja, no local onde se administrava a Justiça.

[3] A palavra é, segundo vários autores, uma reconstrução desnecessária, pois o emprego da forma imperativa não vai alterar o sentido da tradução, vai sim torná-lo mais claro.

[4] Imperativo de *antestor* que significa citar por meio de testemunhas.

[5] Forma arcaica do pronome demonstrativo *is, ea, id*, que surge empregue no masculino do singular.

[6] *CAPITO* apresenta-se, aqui, com o sentido de prender e de tomar.

[7] A segunda lei surge como complemento à primeira.

[8] A expressão *Struere pedem* surge, aqui, com o sentido de ausentar-se, fugir.

[9] Forma arcaica de da preposição *in*.

[10] *Manus iniectio (vocati)*. Referência à *manus iniectio*, apresentando-se como o último recurso, no caso dos anteriores terem falhado.

[11] Este fragmento, ao contrário dos anteriores, que eram referentes ao autor, diz respeito ao réu.

[12] Neste contexto, adquire o sentido de uma indisposição corporal temporária e não de uma doença grave (*cf.* Tábua II, 2).

[13] Arcaísmo. Surge em vez de *erit*, 3.ª pessoa do singular no futuro imperfeito do indicativo do verbo *Sum*.

[14] Serve, aqui, para denominar, não só animal de carga, ou de tracção, mas também qualquer outro veículo de tracção animal.

[15] Tratar-se-ia de uma espécie de carro coberto e fechado por todos os lados, onde as pessoas idosas, ou doentes graves, podiam ser transportados deitados.

[16] Segundo Aulo Gélio (20,1,25) o texto completo seria: "Si morbus aevitasve vitium escit, qui in ius vocavit iumentum dato". Contudo, autores posteriores discordaram da colocação da expressão "qui in ius vocavit" pelo facto da *Lei das XII Tábuas* se caracterizar por um estilo elíptico e, através dela, o texto se tornar redundante.

[17] Aulo Gélio (16, 10), apresenta como definição de *adsiduus*, cidadão rico, que deriva de *assem dare* (oferecer, dar).

[18] O réu podia fazer representar-se por um fiador evitando, assim, deslocar-se pessoalmente (Vandick

Nóbrega, *A Lei das XII Tábuas*, Jornal do Comércio, Rio de Janeiro, 1947, p. 31).

[19] É ainda Aulo Gélio (16, 10) que, através do poeta Júlio Paulo, apresenta a definição de *proletarius*: "os cidadãos de Roma dividem-se em duas classes: aqueles que no censo tiverem declarado mais de 1500 asses eram chamados *proletarii*, aqueles que não declaravam nada, ou quase nada, eram chamados *capiti censi*".

[20] Sebastião da Cruz refere que nexo era "o compromisso verbal de restituir (...) emancipados" (Sebastião da Cruz, *Direito Romano*, vol. I, Gráfica de Coimbra, Coimbra, 1984, p. 11).

[21] Segundo Sebastião da Cruz "o contrato, pelo qual o pai, em virtude da *patria potestas*, podia vender o filho, chamava-se mancipação: e o direito com que ficava o comprador denominava-se *mancipio*. Era quase um direito de propriedade" (*ibidem*, pp. 11-12).

[22] Festo (426-428) apresenta a seguinte definição para *Forti* e *Sanati*: "Sanati dicti sunt, qui supra infraque Roman habitaverunt; quod nomem is fuit, quia, cum defecissent a Romanis, brevi post redierunt in amicitiam, quasi sanata mente. Itaque in XII cautum est, ut idem iuris esset Sanatibus quod Forctibus, id est bonis et qui numquam defecerant a populo Romano" ("Chamavam-se Sanates aqueles que antes

e depois viveram em Roma, e deu-se-lhes este nome porque, quando se separaram dos romanos, pouco tempo depois voltaram à amizade como se se tivessem curado de uma loucura. E assim as leis das XII tábuas previram que tivesse o mesmo direito para os Sanates e para os Fortes, quer dizer, os bons que nunca abandonaram o povo romano").

Diferente desta é a opinião de Plínio (3,5,69) que vê em *Forti* e *Sanates* o nome de duas cidades. Nesta linha segue Mommsen, Romish Geschiete, vol. I, pág. 99 nota, pois *Sanates* não eram mais do que *latini prisci cives romani*, comunidades do Lácio que os romanos tornaram plebeias (Luís Cabral Moncada, *Elementos de História do Direito Romano*, I vol, Coimbra Editora, Coimbra, 1923, p. 326).

[23] A forma *pacunt* pertence ao verbo arcaico *paco*, que surge com um sentido equivalente a *paciscor*.

[24] Neste contexto, *Orato* deve entender-se como fórmula verbal que confere validade ao contrato, e não como sinónimo de rectificar, como defendem alguns autores, pois tal como argumenta Sebastião da Cruz "ratifica-se um acto quando há falta ou nulidade para a sua validade" (Sebastião da Cruz, *Direito Romano*, vol. I, Gráfica de Coimbra, Coimbra, 1984, p. 14).

[25] Local do Fórum Romano onde tinha lugar o tribunal do pretor e onde eram ouvidas as partes.

[26] Fora de Roma tinha o mesmo significado que *comitio*.

[27] A expressão *causae coniectio* significa o motivo da demanda (Vandick Nóbrega, *A Lei das XII Tábuas*, Jornal do Comércio, Rio de Janeiro, 1947, p. 34).

[28] A ambas as partes era dado o direito de apresentar os seus argumentos.

[29] Findo o prazo (o meio-dia), a parte que não comparecesse era condenada à revelia.

[30] *Tempestas* surge, aqui, como sinónimo de *tempus*. O pôr-do-sol seria o limite legal para o julgamento, o qual não deveria ser ultrapassado.

[31] Este fragmento, conforme se pode verificar, apresenta-se muito lacunar. A sua reconstituição é aqui feita por Aulo Gélio.

[32] Tratava-se de sub-fiadores, ou seja, de pessoas que tomavam o lugar dos fiadores.

[33] Esta expressão tem gerado alguma controvérsia, mas parece tratar-se da forma como o queixoso se apresentava em casa daquele que julgava estar na posse do objecto roubado. Aquele levava um prato na mão, e exibia somente um lenço ou tanga (em volta da cintura) para mostrar que nada escondia por baixo das suas vestes.

[34] Lei que dispunha acerca do direito judiciário.

TABULA II

DE IUDICIIS

1. [35]Poena autem sacramenti[36] aut quingenaria erat aut quinquagenaria. Nam de rebus M aeris plurisve D assibus, de minoris vero L assibus sacramento contendebatur; nam ita lege XII tabularum cautum erat. At si de libertate hominis controversia erat, etiamsi pretiosissimus homo esset, tamen ut L assibus sacramento contenderetur, eadem lege cautum est (Gaio, *Inst.*, 4,14).

2. ...MORBUS SONTICUS[37]...AUT STATUS DIES CUM HOSTE[38]... QUID HORUM FUIT [VITIUM] IUDICI ARBITROVE REOVE[39], EO DIES DIFFISSUS ESTO.[40]

3. CUI TESTIMONIUM DEFUERIT, IS TERTIIS DIEBUS OB PORTUM[41] OBVAGULATUM[42] ITO.

TÁBUA II
DO PROCEDIMENTO EM JUÍZO

1. A pena de sacramento (depósito solene) era de 500 asses ou de 50 asses. De facto, nas acções de valor de 1000 asses, ou mais, o depósito seria de 500 asses; se, pelo contrário, a quantia fosse inferior, este seria de apenas 50 asses, pois assim foi determinado pela *Lei das XII Tábuas*. Mas, se o litígio tratasse acerca da liberdade de um homem, por mais ilustre que ele fosse, a mesma lei (das XII tábuas), estabelecia que o depósito fosse de 50 asses.

2. Se uma enfermidade grave... ou dia fixado para o julgamento com um estrangeiro, for causa de impedimento para o juiz, para o árbitro, ou para o réu, seja adiado o dia (da audiência).

3. Aquele que não tiver testemunhas vá, durante três dias consecutivos, gritar em altas vozes à porta do réu.

[35] Da original 1ª lei da II Tábua não chegou até nós uma única palavra. Somente as palavras de Gaio nos dão algumas informações sobre a sua temática.

[36] Palavra derivada de *Sacrum* (sagrado) pois, de acordo com Varrão (L.L., 5, 180), aquele que pedia e o que se opunha colocavam o dinheiro num local sagrado. No final o vencedor ficava com o seu dinheiro e o vencido iria para o erário público.

[37] Se na tábua II, lei 3, *morbus* (*cf. supra* nota 12) surgia como doença que não requeria grandes cuidados, neste fragmento o adjectivo *sonticus*, qualificando *morbus*, já se refere a uma doença grave que afecta todo o corpo e o impossibilita de cumprir um dever.

[38] Cícero (*De Officiis*, 1,12,37) refere que "hostes", nessa altura, significava peregrino, posição esta contestada por Luís Cabral Moncada, pois, segundo este

autor, a noção de peregrino ainda não existia (Luís Cabral Moncada, *Elementos de História do Direito Romano*, I vol, Coimbra Editora, Coimbra, 1923, pág. 328).

[39] Festo (F. 237), tal como Aulo Gélio, entre outros, toma como *reus* aquele que contestava a causa.

[40] Este acto revestia-se de uma grande importância, daí a necessidade de marcar um novo dia para a sua realização, no caso de impossibilidade de comparência no dia previamente estipulado.

[41] Embora determinados autores, como Festo (F. 233), vejam em *portum* um sinónimo de *domus* (casa) e outros, uma parte desta (a porta), em qualquer dos casos é inequívoco o seu sentido.

[42] É ainda Festo que apresenta como significado para *vagulatio* pedido feito aos gritos, vociferando.

TABULA III
DE AERE CONFESSO REBUS QUE IURE IUDICATIS

1. AERIS CONFESSI REBUSQUE IURE IUDICATIS XXX DIES IUSTI[43] SUNTO.
2. POST DEINDE MANUS INIECTIO[44] ESTO. IN IUS[45] DUCITO.
3. NI IUDICATUM FACIT[46] AUT QUIS ENDO[47] EO IN IURE VINDICIT, SECUM DUCITO, VINCITO AUT NERVO[48] AUT COMPEDIBUS XV PONDO[49], NE MAIORE AUT SI VOLET MINORE VINCITO.
4. SI VOLET SUO VIVITO[50], NI SUO VIVIT, QUI EUM VINCTUM HABEBIT, LIBRAS FARRIS ENDO DIES DATO. SI VOLET, PLUS DATO.[51]

TÁBUA III
DO PROCEDIMENTO EM CASO
DE CONFISSÃO OU CONDENAÇÃO

1. Nas dívidas (de dinheiro), confessadas em juízo, e julgadas judicialmente, conceda-se ao devedor 30 dias (prazo legal) para pagar.
2. Decorrido esse prazo (30 dias) tenha lugar a *manus injectio* e seja (o devedor) conduzido a juízo (ao tribunal).
3. Se o réu não cumpre a sentença, nem apresenta um fiador, leve-o consigo o credor, amarrado com uma corda, ou com uma corrente nos pés não inferior a 15 libras, ou mais, se o credor assim o entender.
4. Se (o réu) quiser, viva do que é seu, se não, o que o tiver preso, lhe dê uma libra de farinha (pão) todos os dias, ou mais, se quiser.

5. Erat autem ius interea paciscendi ac nisi pacti forent habebantur in vinculis dies LX. Inter eos dies trinis nundinis continuis ad praetorem in comitium producebantur, quantaeque pecuniae iudicati essent, praedicabatur. Tertiis autem nundinis capite poenas dabant[52], aut trans Tiberim peregre venum ibant[53] (Aulo Gélio, *Noctes Atticae*, 20,1,46).

6. TERTIIS NUNDINIS[54] PARTIS SECANTO[55]. SI PLUS MINUSVE SECUERUNT, SE[56] FRAUDE ESTO.[57]

5. Havia, também, o direito de transigir. Se não houvesse acordo, o réu era levado preso por um período de 60 dias. Durante esse tempo, era levado a três feiras públicas consecutivas ao *comitium*, onde proclamaria em voz alta a quantia pela qual estava preso. Na terceira feira, era condenado à pena de morte, ou levado para além do Tibre para ser vendido (como escravo).

6. Na terceira feira, cortem ou dividam. Se cortarem mais, ou menos, não seja considerado fraude.

[43] Assim foram chamados pelos *decenviri*, os trinta dias de que o devedor dispunha para procurar os meios suficientes para saldar a dívida, em liberdade, sem que incorresse em qualquer pena. Este período funcionava como uma espécie de interstício (Aulo Gélio XX, 1).

[44] Neste contexto adquire o sentido de prender.

[45] *cf. Supra* nota 1.

[46] *Facere*, neste contexto, significa cumprir.

[47] Arcaísmo de *in*.

[48] De acordo com Festo (F. 165) significava cadeia de ferro que se colocava nos pés. Por sua vez, Plauto apresenta *nervum* como sendo as correntes que se colocavam em torno do pescoço.

[49] Sendo o peso da libra romana 327 gramas, a cadeia teria um peso total de 4.905 gramas.

[50] *Vivere* surge, neste fragmento, como sinónimo de subsistir. Não se refere somente a comida, mas também a agasalhos indispensáveis à vida humana (*cf. Digesto*, 16, 234, 2).

[51] No caso do condenado não ter qualquer meio de subsistência, aquele que o mantém preso tem como obrigação dar-lhe, no mínimo, uma libra de farinha por dia.

[52] *Poenas dare* significa ser castigado ou ser condenado.

[53] A pena de morte ou a venda como escravo *trans tiberim* não era aplicada de imediato, ela era a derradeira solução. Até lá existia um período de 60 dias durante o qual se esperava que a quantia fosse saldada e se procurava evitar chegar a este ponto.

[54] Etimologicamente deriva de *novem* (nove), referência aos mercados públicos que tinham lugar de 9 em 9 dias, o que perfaz um total de 27 dias.

[55] Alguns autores interpretam *SECANTO* como dissecação do corpo do devedor, outros repudiam esta versão em detrimento da divisão do património do devedor, outros, ainda, a divisão da família e respectivos bens (*cf.* Vandick Nóbrega, *A Lei das XII Tábuas*, Jornal do Comércio, Rio de Janeiro, 1947, pp. 48-52).

[56] Forma arcaica de *sine*.

[57] Quintiliano (Livro II, 6, 84) refere que, muito embora a *Lei das XII Tábuas* faça referência à pena de morte por motivo de dívida, esta nunca terá chegado a ser aplicada.

TABULA IV

DE IURE PATRIO

1. Cito necatus tamquam ex XII tabulis insignis ad deformitatem puer[58] (Cícero, *De legibibus*, 3,8,19).[59]

2. [60]a) Cum patri lex dederi in filium vitae necisque potestatem[61] (Papiano, *Coll.*, 4,8).
   b) SI PATER FILIUM TER VENUM DUUIT[62], FILIUS A PATRE LIBER ESTO.[63]

3. Illam suam suas res sibi habere iussit ex XII tabulis claves[64] ademit exegit[65] (Cícero, *Oratio Philippica,* 2,28,69).

4. Comperi feminam, in undecimo mense post mariti mortem peperisse, factumque esse negotium, quasi marito mortuo postea concepisset, quoniam decemviri in decem mensibus gigni hominem, non in undecimo scripsissent[66] (Aulo Gélio, *Noctes Atticae,* 3,16,12).

TÁBUA IV
DO PÁTRIO PODER

1. Era imediatamente morto, segundo a *Lei das XII Tábuas*, o recém-nascido monstruoso (disforme).
2. a) Como a lei (das XII Tábuas) conferisse ao pai o poder (direito) de vida e morte sobre o filho.
   b) Se o pai vender o filho três vezes, este fica livre do pátrio poder (poder paterno).
3. Ordenou que a mulher apanhasse as suas coisas e, segundo a *Lei das XII Tábuas*, retirou-lhe as chaves e expulsou-a de casa.
4. Fui informado que uma mulher deu à luz no décimo primeiro mês, depois da morte do marido, e este facto é como se ela tivesse concebido depois da morte do marido, porque os decenviros escreveram que o homem era gerado em dez meses, não no décimo primeiro.

[58] *Puer* surge aqui, não na sua acepção mais comum como menino ou criança, mas com o sentido de recém-nascido, reforçado pelo advérbio *tamquam*.

[59] Este costume parece ter raízes em ancestrais tradições hebraicas e gregas.

[60] A introdução deste fragmento é feita por poucos autores, entre eles contam-se Riccobono e Luís Cabral Moncada.

[61] Dionísio de Halicarnasso (II, 26) faz, também, referência a este poder absoluto que o *paterfamilias* detinha relativamente aos seus filhos que podia ir desde o encarceramento até à pena de morte, passando por açoites e trabalhos forçados, entre outros.

[62] A expressão *venumdet* é uma forma arcaica de *venundare* (vender).

[63] Este procedimento constituía uma forma de emancipação do filho cujo pai o vendesse mais do que três vezes.

[64] A maior parte dos autores vê, nesta atitude, repúdio e não divórcio, como outros fazem crer. Segundo Vandick, as *chaves* a que é feita referência

não eram as chaves de casa, mas sim as da *cella vinaria* (adega), e passo a citar: "É uma referência à mulher que conseguiu penetrar na adega com chaves falsas e se embriagou. Isto feria a dignidade de uma *materfamilias* e o pacato romano, amante do Baco, podia fazer uso do *repudium* diante de semelhante procedimento da mulher" (Vandick Nóbrega, *A Lei das XII Tábuas*, Jornal do Comércio, Rio de Janeiro, 1947, p. 59).

[65] Alguns autores vêem nesta atitude divórcio, mas é mais consensual a de repúdio pois, se a primeira exige mútuo consentimento, esta é unilateral. Gaio (*Digesta*, 24,2,2,1) indica, além da retirada das chaves, outras formas de *repudium*, como o uso das palavras "*tuas res tibi habeto*" ou "*tuas res tibi agito*" que significam "leva contigo as tuas coisas" e ainda a *exactio*, ou seja a expulsão de casa.

[66] A *Lei das XII Tábuas* somente aceita como filho aquele que nasceu nos dez meses (300 dias) subsequentes à morte do pai. Se o nascimento ocorrer no 11º mês já é considerado ilegítimo.

TABULA V

DE HEREDITATIBUS ET TUTELIS

1. Veteres voluerunt feminas, etiamsi perfectae aetatis[67] sint, propter animi levitatem[68], in tutela esse exceptis virginibus Vestalibus[69], quas liberas esse voluerunt, itaque etiam lege XII tabularum cautum est (Gaio, *Inst.*, 1,144,5).

2. Mulieris, quae in agnatorum tutela erat, res mancipi[70] usucapi non poterant, praeterquam si ab ipsa tutore (auctore) traditae essent: id [que] ita lege XII tabularum [cautum erat] (Gaio, *Inst.*, 2,47).

3. UTI LEGASSIT[71] SUPER PECUNIA TUTELAVE SUAE REI[72], ITA IUS ESTO.

4. SI INTESTATO[73] MORITUR, CUI SUUS HERES NEC ESCIT[74], ADGNATUS PROXIMUS FAMILIAM[75] HABETO.

TÁBUA V
DAS HERANÇAS E TUTELAS

1. Os antigos (antepassados) determinaram que as mulheres, ainda que fossem maiores de idade, estivessem sob tutela, por causa da sua fraqueza de espírito, excepto as virgens vestais, as quais estabeleceram que fossem livres. Assim se providenciou na *Lei das XII Tábuas*.

2. As *res mancipi* de uma mulher que estava sob tutela dos seus agnados, não se podiam usucapir, excepto se fossem entregues por elas próprias com o consentimento do tutor. E, assim, foi estabelecido pela *Lei das XII Tábuas*.

3. Seja tido como lei o ordenado pelo *pater familias* acerca dos seus bens e da (sua) tutela.

4. Se alguém morrer intestado, sem deixar *heres suus*, receba todos os bens o agnado mais próximo.

5. SI ADGNATUS NEC ESCIT, GENTI-LES[76] FAMILIAM HABENTO.[77]

6. Quibus testamento... tutor datus non sit, iis lege XII tabularum adgnati sunt tutores (Gaio, *Inst.*, 1,155).

7. a) SI FURIOSUS[78] ESCIT, ADGNA-TUM GENTILIUMQUE IN EO PECUNIAQUE EIUS POTESTAS ESTO.[79]

   b) ...AST EI CUSTOS NEC ESCIT.

   c) Lege XII tabularum prodigo[80] interdicitur bonorum suorum administratio. Lex XII tabularum prodigum, cui bonis interdictum est, in curatione iubet esse agnatorum (*Digesta*, 27, 10,1pr.).

8. a) Civis romani liberti[81] hereditatem lex XII tabularum patrono defert, si intestato sine suo herede libertus decesserit (Ulpiano, *Frag.*, 29,1).

5. Se não tiver agnado, recebam a sucessão (sejam herdeiros) os gentis.
6. Segundo a *Lei das XII Tábuas*, os tutores são os agnados, no caso daqueles a quem não tenha sido dado um tutor por testamento.
7. a) Se (aquando da morte do *pater*) um demente não tiver quem cuide dele, pertence aos agnados e gentis, não só o seu poder, como o dos seus bens.

   b) ...mas se não tiver quem cuide dele...

   c) Pela *Lei das XII Tábuas* é interdita ao pródigo a administração dos seus bens. A *Lei das XII Tábuas* determina que o pródigo, a quem foi proibido administrar os seus bens, fique sob curatela dos agnados.
8. a) A *Lei das XII Tábuas* defere ao patrono a herança de um cidadão romano liberto, se este morresse sem deixar testamento, nem herdeiro próprio.

b) Cum de patrono et liberto loquitur lex, EX EA FAMILIA, inquit, IN EAM FAMILIAM (*Digesta*, 50,16,195,1).

9. a) Ea, quae in nominibus sunt, ipso iure in portiones hereditarias ex lege XII tabularum divisa sunt (Gordiano, *Constitutio*, 3,36,6).

    b) Ex lege XII tabularum aes alienum hereditarium pro portionibus quaesitis singulis ipso iure divisum (Dioclesiano, *Constitutiones*, 2, 3, 26).

10. Haec actio (familiae erciscundae) proficiscitur e lege XII tabularum (Gaio, *Digesta,* 10,2,1pr.).

b) Quando a lei trata do patrono e do liberto, diz: desta família para esta família, ou seja, o património do liberto volta para a família do patrono a quem pertencia inicialmente.

9. a) As coisas que estão em dívida são, segundo a *Lei das XII Tábuas*, divididas em proporções hereditárias, de acordo com o próprio direito.

b) De acordo com a *Lei das XII Tábuas*, as dívidas da herança eram divididas, proporcionalmente, entre cada herdeiro.

10. Esta acção *familiae erciscundae* é oriunda da *Lei das XII Tábuas*.

[67] A correspondente grega desta expressão é *teleia elikia*, ou seja, mulher adulta, mulher que havia atingido a maioridade (Sebastião da Cruz, *Direito Romano*, vol. I, Gráfica de Coimbra, Coimbra, 1984, p. 50).

[68] Fraqueza de espírito pretenderá significar uma certa ingenuidade que caracterizava as mulheres e que, por esse motivo, necessitariam de um tutor.

[69] A excepção era somente destinada às vestais que "*in honorem sacerdotii*" estavam isentas do poder de tutela.

[70] Os bens dividiam-se em *res mancipii* e *res nec mancipii*, as mulheres somente podiam alienar estas últimas.

[71] Pode significar não só legar, deixar algo em legado ou, ainda, ordenar (Sebastião da Cruz, *Direito Romano*, vol. I, Gráfica de Coimbra, Coimbra, 1984, p. 57).

[72] O *pater familias* poderia legar os seus bens a um tutor, o qual tomava a denominação de *tutore dativo* (*cf.* Nereo Cortellini, *Legegi delle XII Tavole*, Società Editrice Sonzogno, Milano, 1900, p. 46, nota 1).

[73] Diz-se daquele que morre sem deixar testamento.

[74] *Escit* está em vez de *erit*.

[75] *Familia* surge, aqui, como sendo o conjunto dos bens do falecido.

[76] Aqueles pertenciam à mesma *gens*.

[77] A lei 5 acaba por ser um complemento à anterior, ou seja, quando alguém morre sem deixar feito um testamento, são herdeiros, por ordem de importância: os *heres suus*, depois os agnatos e, por último, os gentis.

[78] Neste trecho, segundo Cícero, *furiosus* surge no sentido de demente (aquele que sofre de uma perturbação contínua) e não aquele que momentaneamente é atacado pela fúria e que o leva a cometer actos tresloucados.

[79] Muitos autores suprimem, ou não integram, este fragmento. Contudo, facilmente se percebe que é um complemento da anterior e acaba por fazer a ligação com a reconstituição feita por Ulpiano.

[80] Eram considerados pródigos quando "esbanjavam o património com prejuízos para os herdeiros presuntivos" (Vandick Nóbrega, *A Lei das XII Tábuas*, Jornal do Comércio, Rio de Janeiro, 1947, p. 70).

[81] Nas *Institutas* (1, 1, V) surge uma definição de liberto: "*Libertini sunt, qui ex justa servitute manumissi sunt*" (Libertinos são aqueles que foram manumitidos da justa servidão). *Libertus* significa, então, um escravo manumitido.

TABULA VI

DE DOMINIO ET POSSESSIONE

1. CUM NEXUM[82] FACIET MANCI-PIUMQUE[83], UTI LINGUA NUN-CUPASSIT, ITA IUS ESTO.[84]

2. Cum ex XII tabulis satis esset ea praestari, quae essent lingua nuncupata, quae qui infitiatus esset, dupli poenam subiret, a iuris consultis etiam reticentiae poena est constituta (Cícero, *De officiis*, 3,16,65).

3. Usus auctoritas fundi bienium est... ceterarum rerum omnium... annuus est usus (Cícero, *Topica*, 4,23).

4. [85]ADVERSUS HOSTEM AETERNA AUCTORITAS[86] [ESTO].

5. Lege XII tabularum cautum est, ut si qua nollet eo [usu] in manum mariti convenire, ea quotannis trinoctio abesset atque eo modo usum cuiusque anni interrumperet (Gaio, *Inst.*, 1,111).

TÁBUA VI
DO DOMÍNIO E DA POSSE

1. Quando alguém fizer um *nexum* ou *mancipatio* oralmente, assim seja tido como lei.
2. De acordo com a *Lei das XII Tábuas*, foi ordenado que se cumprissem as palavras que tivessem sido pronunciadas, ficando aquele que negasse as suas declarações sujeito a uma pena do dobro do dano. Foi também estabelecida pelos jurisconsultos uma pena para a reticência (ocultação).
3. A usucapião de um imóvel é de dois anos, mas nas restantes coisas é de um ano.
4. Contra o estrangeiro, seja eterno o direito de cidadão.
5. Pela *Lei das XII Tábuas*, determinou-se que, se uma mulher não quisesse ficar sujeita à *manus* do marido, se deveria ausentar durante três noites em cada ano, deste modo interromperia a usucapião desse ano.

6. a) SI QUI IN IURE MANUM CON-
   SERUNT...

   b) Et mancipationem et in iure cessio-
   nem[87] lex XII tabularum confirmat (Paulo,
   Vaticanum fragmentum, 50).

7. Advocati [Virginiae]... postulant, ut [Appius
   Claudius]... lege ab ipso lata vindicias det
   secundum libertatem[88] (Tito Lívio,
   3,44,11).

8. TIGNUM[89] IUNCTUM AEDIBUS
   VINEAVE E CONCAPIT NE
   SOLVITO.

9. Lex XII tabularum neque solvere permittit tignum furtivum aedibus vel vineis
   iunctum neque vindicare, ... sed in eum,
   qui convictus est iunxisse, in duplum dat
   actionem[90] (Ulpiano, *Digesta*, 47,3,1pr.).

10. ...QUANDOQUE SARPTA, DO-
    NEC DEMPTA ERUNT...[91]

6. a) Se alguém litiga ante o magistrado...
   b) A *Lei das XII Tábuas* confirma, não só a *mancipatio* como a cessação em direito.
7. Os advogados de Virgínia pedem que Ápio Cláudio, de acordo com a lei por ele promulgada, conceda a liberdade provisional.
8. A ninguém seja permitido tirar a trave que sustenta uma construção.
9. A *Lei das XII Tábuas* não permite tirar uma trave que foi objecto de furto (e posteriormente) utilizada num edifício ou vinha, mas contra aquele que a anexou dá-se uma acção *in duplum*.
10. ... quando um dia a vinha for podada, pode ser retirada...

[82] Etimologicamente *nexum* deriva de *nectere* (ligar, enlaçar).

[83] Embora fosse primitivamente usado para designar o direito de propriedade, aqui, indica um processo solene que tinha como objectivo a transferência de propriedade (*cf.* Vandick Nóbrega, *A Lei das XII Tábuas*, Jornal do Comércio, Rio de Janeiro, 1947, p. 73).

[84] Embora pronunciado oralmente, possuía valor legal.

[85] Alguns autores colocam este fragmento como sendo a lei 7 da tábua IV.

[86] Direito de reivindicação ou persecução (Cícero, *De Officiis*, I, 12) e (Aulo Gélio, 17, 7).

[87] *In iure cessio* – Forma de transferência de propriedade era uma "espécie de abandono da coisa pelo

proprietário ao adquirente, por meio de uma venda imaginária, na presença do magistrado" (Vandick Nóbrega, *A Lei das XII Tábuas*, Jornal do Comércio, Rio de Janeiro, 1947, p. 78). Tudo isto realizado na presença de um magistrado.

[88] A pessoa sobre a qual recai um processo, sobre a sua liberdade, deve permanecer em liberdade até à decisão final. O desrespeito por esta lei terá conduzido à queda dos decenviros.

[89] Na *Lei das XII Tábuas*, *tignum* significa qualquer tipo de material utilizado na construção dos edifícios.

[90] O infractor era obrigado a pagar o dobro do valor.

[91] Somente depois de retirada pode ser reivindicada pelo dono.

TABULA VII
DE IURE AEDIUM ET AGRORUM

1. XII tabularum interpretes ambitum parietis circuitum esse describunt (Varrão, *De Lingua Latina.*, I, 5,22). Ambitus proprie dicitur circuitus aedificiorum patens in latidudinem pedes duos et semissem, in longitudinem idem quod aedificium (Festo, 97, 4-5).

2. Sciendum est in actione finium[92] regundorum[93] illud observandum esse, quod ad exemplum quodammodo eius legis scriptum est, quam Athenis Solonem dicitur tulisse... (Gaio, *Digesta*, 10,1,13).

3. a) In XII tabulis... nusquam nominatur villa, semper in significatione ea "hortus", in horti vero "heredium"[94] (Plínio, *História Natural*, 19,4,50).

TÁBUA VII
DO DIREITO RELATIVO
AOS EDIFÍCIOS E CAMPOS

1. Os intérpretes da *Lei das XII Tábuas* descrevem o *ambitus* como sendo a franja de terreno que circunda a parede... Chama-se *ambitus* a uma superfície aberta em torno dos edifícios de dois pés e meio de largura com a mesma longitude que o edifício.
2. Há-de saber-se que, numa acção que regula a demarcação de limites, se deve observar o que se escreveu na *Lei das XII Tábuas*, de certa maneira à imitação daquela lei que se diz que Sólon propôs em Atenas...
3. a) Na *Lei das XII Tábuas* nunca se emprega a palavra *villa*, mas com esse significado aparece sempre a palavra *hortus*, e em vez de *hortus* diz-se *heredium*.

b) [Tugu]ria[95] a tecto appellantur [domicilia rusticorum] sordida, ...quo nomine [Messala[96] in explana]tione XII ait etiam... [signifi]cari (Festo, *De Verborum Significatione,* 355).

4. Usus capionem XII tabulae intra V pedes esse noluerunt[97] (Cícero, *De Legibus*, 1,21,55).

5. a) SI IURGANT[98]...

   b) Controversia est nata de finibus, in qua... [e XII tres] arbitri[99] fines regemus (Cícero, *De Legibus*, 1,21,55).

6. Viae latitudo ex lege XII tabularum in porrectum octo pedes habet, in anfractum, id est ubi flexum est, sedecim (Gaio, *Digesta*, 8,3,8).

7. VIAM[100] MUNIUNTO: NI SAM[101] DELAPIDASSINT, QUA VOLET IUMENTO AGITO.

8. a) SI AQUA PLUVIA NOCET...

   b) Si per publicum locum rivus aquae ductus privato nocebit, erit actio privato

b) Chamavam-se tugúrios às miseráveis cabanas dos camponeses, desta palavra deriva tecto... por este nome também é designada por Messala, na explicação da *Lei das XII Tábuas*.

4. As XII Tábuas não quiseram que houvesse usucapião num espaço de cinco pés (que deveria existir entre os prédios).

5. a) Se litigarem...

b) Se existir uma controvérsia acerca dos limites, fixaremos os limites com (a ajuda de três) árbitros, de acordo com a *Lei das XII Tábuas*.

6. O caminho tem, segundo a *Lei das XII Tábuas*, oito pés de largura, quando vai a direito, e dezasseis nas curvas.

7. Conservem o caminho: se este não estiver empedrado, podem ir com um jumento, por onde quiserem.

8. a) Se a água da chuva prejudicar...

b) Se um caudal de água, conduzido por um terreno público, prejudicar um parti-

ex lege XII tabularum, ut noxa domino sarciatur (Paulo, *Digesta*, 43,8,5).

9. a) Lex XII tabularum efficere voluit, ut XV pedes altius rami arboris cicumcidantur[102] (Ulpiano, *Digesta*, 43,27,1,8).

b) Si arbor ex vicini fundo vento inclinata in tuum fundum sit, ex lege XII tabularum de adimenta ea recte agere potes (Pompónio, *Digesta*, 43,27,2).

10. Cautum est... lege XII tabularum, ut glandem in alienum fundum procidentem liceret colligere[103] (Plínio, *História Natural*, 16,5,15).

11. Venditae et traditae [res] non aliter emptori adquiruntur, quan si is venditori pretium solverit vel alio modo satisfecerit, veluti expromissore aut pignore dato; quod cavetur... lege XII tabularum (Justiniano, *Institutationes*, 2,1,41).

cular, existirá, segundo a *Lei das XII Tábuas*, uma acção a favor do particular, para que o dano seja reparado pelo dono.

9. a) A *Lei das XII Tábuas* quis deixar estabelecido que se cortem os ramos das árvores com uma altura superior a quinze pés (para que não prejudiquem os vizinhos).

b) Se a árvore do prédio do vizinho estiver inclinada sobre o teu terreno, por acção do vento, de acordo com a *Lei das XII Tábuas*, podes pedir, com razão, que a tire.

10. Estava previsto na *Lei das XII Tábuas* que seria lícito recolher os frutos caídos num terreno alheio.

11. As coisas vendidas e entregues não se passam ao comprador, antes que este pague o preço ao vendedor, ou satisfaça, de outro modo, como por exemplo com um expromissor, ou uma arra; é o que se adverte na *Lei das XII Tábuas*.

12. Sub hac conditione liber esse iussus "si decem milia heredi dederit", etsi ab herede abalienatus sit, emptori dando pecuniam ad libertatem perveniet: ideque lex XII tabularum iubet (Ulpiano, *Tit.*, 2,4).

12. Aquele a quem foi ordenada liberdade sob esta condição: "se entregar dez mil ao herdeiro", ainda que fora vendido pelo herdeiro, alcançará a liberdade dando o dinheiro ao comprador e, assim, o manda a *Lei das XII Tábuas*.

[92] Segundo Luís Cabral Moncada, *finis* seria uma "facha de terra de cinco pés (*finis quinque pedum*), cerca de um metro e meio, formados por dois pés e meio [55 cm] tirados a cada um dos prédios confinantes e que deveria ser deixada livre, de forma os proprietários poderem passar por aí e voltar o arado" (Luís Cabral Moncada, *Elementos de História do Direito Romano*, I vol, Coimbra Editora, Coimbra, 1923, p. 336).

[93] Eram os agrimensores (três árbitros) que tinham a seu cargo a resolução das questões relacionadas com a demarcação dos limites das terras.

[94] Etimologicamente deriva de *heres*, tratava-se de um pequeno campo do qual faziam parte a casa da família e dois alqueires de terra (Vandick Nóbrega, *A Lei das XII Tábuas*, Jornal do Comércio, Rio de Janeiro, 1947, p. 83).

[95] Tem a sua raiz no verbo *tego* que significa cobrir, recobrir, revestir.

[96] De seu nome Corvino Messala (64 a.C. – 8 d.C.), embora fosse uma pessoa dedicada essencialmente às letras, também esteve ligado à magistratura.

[97] De forma a facilitar o livre-trânsito.

[98] Refere-se a uma contestação amigável, entre pessoas de bom senso, e não a um declarado litígio.

[99] *cf. Supra* nota 93.

[100] Não surge com o sentido de caminho, mas direito de passagem.

[101] Forma arcaica de *suam* ou *eam*.

[102] Este direito era garantido pelo *actio de arboribus caedendis*.

[103] Em certos dias, era permitido ao proprietário entrar no campo do vizinho e recolher o que caía das suas árvores.

TABULA VIII

DE DELICTIS

1. a) QUI MALUM CARMEN[104] INCAN-
   TASSIT[105]...

   b) Nostrae XII tabulae cum perpaucas res
   capite sanxissent, in his hanc quoque san-
   ciendam putaverunt: si quis occentavisset
   sive carmen condidisset, quod infamiam
   faceret flagitiumve alteri (Cícero, *De Republica*, 4,10,12).

2. SI MEMBRUM RUP[S]IT, NI CUM
   EO PACIT, TALIO[106] ESTO.

3. Iniuriarum actio aut legitima est aut
   honoraria. Legitima ex lege XII tabularum:
   "qui iniuriam alteri facit, V et XX sestertiorum poenam subito"; quae lex generalis
   fuit. Fuerunt et speciales, velut illa: "manu
   fustive si os fregit libero, CCC, [si] servo,
   CL poenam subit sestertiorum[107] (Paulo,
   Coll., 2,5,5).

TÁBUA VIII
DOS DELITOS

1. a) Todo aquele que dissesse canções difamatórias seria condenado à pena capital.
   b) Como as nossas *XII Tábuas*, castigassem poucas coisas com a pena de morte, decidiram incluir nelas o seguinte: se alguém cantasse, ou compusesse uma canção que difamasse ou provocasse a desonra de outro (sofreria esta pena).
2. Se alguém destruir um membro a outro, e não chegar a acordo com o mutilado, sofra a *Lei de Talião*.
3. A acção de injúrias ou é legítima, ou honorária. Legítima pela *Lei das XII Tábuas*: "quem causar injúria a outro, sofra uma pena de 25 sestércios, ou asses"; que foi a lei geral. Houve outras especiais, como esta: "Se alguém fracturou com a mão, ou com um bastão, um osso a outro, sofra uma pena de 300 asses se (o ofendido) for um homem livre, e 150 asses se for um escravo.

4. SI INIURIAM [ALTERI] FAXSIT, VI-GINTI QUINQUE POENAE SUNTO.
5. RUPIT[IAS] ... SARCITO.
6. Si quadrupes pauperiem fecisse dicetur, actio ex lege XII tabularum descendit, quae lex voluit aut dari id quod nocuit, id est id animal quod noxiam commisit, aut aestimationem noxiae offerri (Ulpiano, *Digesta*, 9,1,1,pr).
7. Si glans ex arbore tua in fundum meum cadat, eamque ego immisso pecore depascam, ... neque ex lege XII tabularum de pastu pecoris, quia non in tuo pascitur, neque de pauperie... agi posse (Ulpiano, *Digesta*, 19,5,14.3).
8. a) QUI FRUGES EXCANTASSIT[108]...
   b)...NEVE ALIENAM SEGETEM PELLEXERIS...

4. Se comete injúria a outrem, incorrerá numa pena de 25 asses.
5. Reparai o dano...
6. Se se disser que um animal quadrúpede causou dano, a acção procede da *Lei das XII Tábuas*, a qual diz que se entregue aquele que prejudicou, isto é, o animal que cometeu o dano, ou se ofereça a estimação do prejuízo.
7. Se o fruto de uma árvore cai num fundo meu, e eu deixo o gado pastar, (o dono) não o poderá reclamar, segundo a *Lei das XII Tábuas*, nem por uma acção de pastoreio de gado porque não pasta no que é teu, nem pela acção de empobrecimento.
8. a) Aquele que atrair por encantamento...
   b) ou tirar os frutos do campo de outro (através do recurso à magia), será castigado com a pena capital.

9. Frugem quidem aratro quaesitam noctu pavisse ac secuisse puberi XII tabulis capital[109] erat, suspensumque Cereri[110] necari iubebant..., impubem praetoris arbitratu verberari noxiamve duplionemve decerni (Plínio, *História Natural*, 18,3,12).

10. Qui aedes acervumve frumenti iuxta domum positum combusserit, vinctus verberatus igni necari (XII tabulis) iubetur, si modo sciens prudensque id commiserit; si vero casu, id est neglegentia, aut noxiam sarcire iubetur, aut, si minus idoneus sit, levius castigatur (Gaio, *Digesta*, 47,9,9).

11. Cautum... est XII tabulis, ut qui iniuria cecidisset alienas (arbores), lueret in singulas aeris XXV (Plínio, *História Natural*, 17,1,17).

9. A um adulto por pastar ou ceifar, de noite, os frutos obtidos pelo trabalho do arado, a *Lei das XII Tábuas* punia com pena de morte e ordenava que morresse enforcado por oferenda a Ceres, se era um jovem, segundo o arbítrio do pretor, era condenado a sofrer açoites e pagar o dobro do prejuízo causado.

10. Aquele que atear fogo a um edifício, ou a um depósito de trigo, junto de uma casa, se o tivera feito de uma forma consciente e deliberadamente, manda-se que, depois de atado e açoitado, seja queimado; se, por outro lado, o fez acidentalmente, isto é, por negligência, manda-se reparar o dano e, se não o puder fazer, seja castigado de uma forma mais leve.

11. Advertiu-se, na *Lei das XII Tábuas*, que aquele que, com dano, cortar árvores alheias, pagasse 25 por cada árvore.

12. SI NOX FURTUM FAXSIT, SI IM OCCISIT, IURE CAESUS ESTO[111].

13. LUCI ... SI SE TELO DEFENDIT, ... ENDOQUE PLORATO.

14. Ex ceteris... manifestis furibus liberos verberari addicique iusserunt (Xviri) ei, cui furtum esset, si modo id luci fecissent neque se telo defendissent; servos... verberibus affici et e saxo praecipitari; sed pueros impuberes praetoris arbitratu verberari voluerunt noxiamque ab his factam sarciri (Aulo Gélio, *Noctes Atticae*, 11,18,8).

15. a) Concepti et oblati (furti) poena ex lege XII tabularum tripli est... (Gaio, *Inst.*, 3,191).

    b) ...LANCE ET LICIO[112]...

12. Se alguém mata aquele que cometeu um furto durante a noite, seja morto conforme o direito.

13. De dia (pode-se matar) se ele se defende com armas, (se não as tem ou utiliza) peça-se ajuda com gritos.

14. Entre os demais ladrões manifestos (apanhados em flagrante delito), (os decenviros) mandaram que, se fossem livres, os açoitava e entregava (como escravos) a quem tinham roubado, sempre que o tivessem feito de dia e não tivessem utilizado armas; se eram escravos, surpreendidos em furto manifesto, que fossem castigados com açoites e precipitados da rocha Tarpeia; mas se fossem crianças eram açoitadas de acordo com o arbítrio do pretor e que se reparasse o dano por eles causado.

15. a) Pela *Lei das XII Tábuas*, a pena de furto descoberto era do triplo.

b) Com prato e tanga.

16. SI ADORAT[113] FURTO, QUOD NEC MANIFESTUM ERIT..., [DUPLIONE DAMNUM DECIDITO].

17. Furtivam (rem) lex XII tabularum usucapi prohibet... (Gaio, *Inst.*, 2,45).

18. a) Nam primo XII tabulis sanctum, ne quis unciario fenore amplius exerceret... (Tácito, *Annales*, 6,16).

    b) Maiores... in legibus posiverunt furem dupli condemnari, feneratorem quadrupli (Catão, *De re Rust* Praef., I,1).

19. Ex causa depositi lege XII tabularum in duplum actio datur...[114] (Paulo, *Collectio,* 10,7,11).

20. a) Sciendum est suspecti crimen e lege XII tabularum descendere (Ulpiano, *Digesta*, 26,10,1,2).

    b) Si... tutores rem pupilli furati sunt, videamus an ea actione, quae proponitur ex lege XII tabularum adversus tutorem in duplum, singuli in solidum teneantur (Trifonino, *Digesta*, 26,7,55,1)[115].

16. Se alguém comete um furto que não é flagrante, seja condenado a pagar o dobro (do valor do objecto).

17. A *Lei das XII Tábuas* proíbe de usucapir a coisa roubada.

18. a) De facto, desde o início se consagrou, na *Lei das XII Tábuas*, que ninguém procurasse interesses superiores a uma 12ª parte (os juros não podiam ser superiores a 1% ao ano).

    b) Os (nossos) antepassados estabeleceram, nas leis, que o ladrão seria condenado ao dobro e o usurário ao quádruplo.

19. Pela *Lei das XII Tábuas* dá-se acção *in duplum*, por causa de depósito.

20. a) Deve saber-se que o delito do tutor suspeito deriva da *Lei das XII Tábuas*.

    b) Se os tutores roubarem algo ao pupilo, deveremos ver se por esta acção, a qual foi criada pela *Lei das XII Tábuas* contra os tutores, estará cada um obrigado pelo todo.

21. PATRONUS SI CLIENTI FRAUDEM FECERIT, SACER[116] ESTO[117].

22. QUI SE SIERIT TESTARIER LIBRI-PENSVE[118] FUERIT, NI TESTI-MONIUM FATIATUR, IMPROBUS INTESTABILISQUE ESTO.

23. ...ex XII tabulis... qui falsum testimonium dixisse convictus esset, e saxo Tarpeio deiceretur (Aulo Gélio, *Noctes Atticae*, 20,1,53).

24. a) SI TELUM MANU FUGIT[119] MAGIS QUAM IECIT, aries subicitur[120].

b) Frugem... furtim noctu pavisse ac secuisse XII tabulis capital erat suspen-sumque Cereri necari iubebant, gravius quam in homicidio[121] (Plínio, *História Natural*, 18,3,12).

25. Qui venenum dicit, adicere debet, utrum malum an bonum;[122] nam et medicamenta venena sunt (Gaio, *Digesta*, 50,16,236).

21. Se o patrono deixar indevidamente de proteger o seu cliente seja consagrado aos deuses (podia ser morto por qualquer um).
22. Aquele que, sendo testemunha ou *libripens*, se recusa a prestar testemunho seja considerado infame e inabilitado para testemunhar ou ter testemunha.
23. Se alguém, de forma consciente, prestou um falso testemunho, pela *Lei das XII Tábuas*, seria precipitado da rocha Tarpeia.
24. a) Se a arma escapa da mão, pague-se um carneiro.
    b) Aquele que pastar, ou cortar frutos furtivamente durante a noite, será castigado, pela *Lei das XII Tábuas*, com a pena capital, e enforcado e morto em honra de Ceres; este era considerado um crime mais grave que o homicídio.
25. Aquele que falar sobre veneno, deve acrescentar se são bons ou maus; pois os medicamentos também são venenosos.

26. XII tabulis cautum esse cognoscimus, ne qui in urbe coetus nocturnos agitaret[123] (P. Latro, *Decli. In Cat.*, 19).

27. His (sodalibus) autem potestatem facit lex (XII tabularum) pactionem quam velint sibi ferre, dum ne quid ex publica lege corrumpant.[124] Sed haec lex videtur ex lege Solonis translata esse (Gaio, *Digesta*, 47,22,4).

26. Sabemos que, através da *Lei das XII Tábuas*, se proibiu que ninguém organizasse reuniões nocturnas tumultuosas dentro da cidade.

27. Mas a lei (das XII tábuas) permitiu que os membros das associações pudessem realizar, entre si, os pactos que quisessem, desde que não fossem contra nenhum preceito da lei pública. Porém, parece que este preceito foi tomado de uma lei de Sólon.

[104] Vandick Nóbrega refere estudos realizados que afastam esta prática da simples composição de textos difamatórios e a aproximam da magia e da feitiçaria, uma vez que, segundo este autor, de outra forma não se justificaria a aplicação da pena capital (Vandick Nóbrega, *A Lei das XII Tábuas*, Jornal do Comércio, Rio de Janeiro, 1947, pp 89-90). Contudo, tendo em conta que a 2ª parte deste fragmento vem na sequência do 1º, pareceu-nos mais coerente a tradução apresentada.

[105] Forma arcaica de *incantaverit*.

[106] A pena de Talião instiga a punir o infractor com o mesmo castigo, ou seja, "olho por olho, dente por dente".

[107] No caso de injúria, existia uma lei geral que obrigava ao pagamento de 25 sestércios ou asses, se ocorressem danos físicos com fractura de um osso (com mão ou bastão). Esta aumentava para 300 asses ou 150 no caso de se tratar, respectivamente, de um homem livre ou um escravo. A este propósito, Aulo Gélio conta a história de um certo Lúcio Verácio que sentia um enorme prazer em esbofetear pessoas livres por quem ia passando na rua. Seguia-o um escravo que pagava 25 sestércios aos injuriados.

[108] *Excantare* é empregue com o sentido de magia. Tanto este como o fragmento seguinte fazem refe-

rência à magia que, na época, era largamente praticada, daí a necessidade desta lei para punir todos aqueles que a colocassem em prática.

[109] Parece demasiado severa esta lei, contudo, não nos podemos esquecer que destas culturas dependia grande parte da sobrevivência de inúmeras famílias.

[110] Deusa da Agricultura.

[111] De acordo com esta lei, todo o ladrão que fosse apanhado em flagrante delito seria condenado à pena capital. Porém, para Gaio (3, 189), esta pena era demasiado severa, o que justifica o posterior estabelecimento, através de édito do pretor, segundo o qual o ladrão de uma pena mais leve ficava obrigado a pagar o quádruplo daquilo que roubou.

[112] Desnudo, somente coberto por uma simples tanga, e com um prato na mão, assim se deveria apresentar o queixoso em casa do presumível ladrão. Gaio (3, 192-194) classifica estes dois aspectos como sendo ridículos, pois por um lado, o facto de não ir vestido a casa de outrem o poderia fazer incorrer numa elevada pena e, por outro, ao levar somente um prato na mão para mostrar que não levava o objecto furtado consigo e, assim, poder incriminar o outro; supondo que o objecto procurado era de grandes dimensões, isto não faria o menor sentido (*cf.* Gélio, 11,18,9, 16,10,8 e *supra* nota 33).

[113] Surge, aqui, não só com um sentido mais corrente de adorar e venerar, mas com o sentido arcaico de *agere* (agir).

[114] O depositário infiel teria de pagar o dobro do valor da coisa.

[115] A lei 20 (a e b) diz respeito à punição dos tutores quando estes são os responsáveis pela má administração dos bens do pupilo que têm a seu cargo.

[116] *SACER* surge com sentido de execrado, e não de sagrado, como habitualmente esta palavra acontece.

[117] A expressão *sacer esto* devia aplicar-se a todo aquele que não cumpre o dever que tem enquanto patrono, deste modo, deixa de estar sob protecção divina e sujeito às leis humanas.

[118] *Libripens* era aquele que pesava a moeda a dar aos soldados.

[119] Utilizado em sentido metafórico.

[120] Tratando-se de um homicídio involuntário, a pena a que o seu autor estava sujeito não era a pena capital, mas sim uma oferenda aos deuses (*cf.* Cícero, *Tópica*, 17, 64 e *Pro Tulio*, 22, 51).

[121] *cf.* Tábua VIII, lei 9.

[122] Podendo os venenos ser benéficos ou maléficos, era necessário especificar de que tipo de *venenum* se trata.

[123] O preço a pagar pelo seu incumprimento era a morte.

[124] Desde que não fossem contra a lei pública, as associações, ou corporações, poderiam estipular as suas próprias regras internas.

TABULA IX
DE IURE PUBLICO

1. 2. "Privilegia[125] ne inroganto.[126] De capite civis nisi per maximum comitiantum... ne ferunto"... Leges praeclarissimae de XII tabulis tralatae duae, quarum altera privilegia tollit, altera de capite civis rogari nisi maximo comitiatu vetat... (Cícero, *De Legibus*, 3,4,11).
3. Duram esse legem putas, quae iudicem arbitrumve iure datum, qui ob rem iudicandam pecuniam accepisse convictus est, capite poenitur?[127] (Aulo Gélio, *Noctes Atticae*, 20,1,7).
4. Quaestores...[128] qui capitalibus rebus praeessent, ... appellabantur quaestores parricidii[129], quorum etiam meminit lex XII tabularum (Pompónio, *Digesta*, 1,2,2,23).
5. Lex XII tabularum iubet eum, qui hostem concitaverit quive civem hosti tradiderit, capite puniri[130] (Marciano, *Digesta*, 48,4,3).

TÁBUA IX
DO DIREITO PÚBLICO

1. 2. Não se devem propor leis contra uma pessoa em particular. Acerca da pena de morte de um cidadão, só se poderá decidir pelo comício centuriado. Das duas ilustríssimas leis retiradas da *Lei das XII Tábuas*, das quais uma retirava os privilégios e a outra proibia fazer propostas sobre a pena de morte, a não ser no comício centuriado...

3. Consideras dura uma lei que castiga com a morte o juiz ou o árbitro, nomeado pelo magistrado, convicto de ter recebido dinheiro para pronunciar uma sentença?

4. Questores... que presidiam às penas de morte, ... chamavam-se *quaestores parricidi*, dos quais ainda conserva memória a *Lei das XII Tábuas*.

5. A *Lei das XII Tábuas* manda castigar, com pena de morte, aquele que provocar o inimigo, ou lhe entregar um cidadão.

6. Interfici enim indemnatum quemcunque hominem etiam XII tabularum decreta vetuerunt (Salviano, *De Gubernatione Dei*, 8,5,24).

6. Pois, os preceitos da *Lei das XII Tábuas* também proibiram que nenhum homem fosse morto, sem antes ter sido condenado.

[125] *Privilegium* surge aqui, não com o sentido de benefícios, mas sim de leis que visam prejudicar determinados indivíduos.

[126] Proibição de *privilegia* particulares. A lei deve ser igual para todos.

[127] A corrupção por parte de um juiz ou árbitro era, de tal forma, considerada infame que era punida com pena de morte.

[128] Aquele que tinha a seu cargo indagar acerca dos casos de homicídio.

[129] Magistrados cuja função era presidirem à aplicação da pena de morte.

[130] Foram considerados crimes de traição.

TABULA X

DE IURE SACRO

1. HOMINEM MORTUUM IN URBE NE SEPELITO[131] NEVE URITO[132].

2. ...HOC PLUS NE FACITO: ROGUM[133] ASCEA NE POLITO.

3. Extenuato igitur sumptu tribus reciniis et tunicula purpurea et decem tibicinibus-tollit etiam lamentationem[134] (Cícero, *De Legibus*, 2,23,59).

4. MULIERES GENAS NE RADUNTO NEVE LESSUM[135] FUNERIS ERGO HABENTO.

5. a) HOMINE MORTUO NE OSSA LEGITO, QUO POST FUNUS FACIAT[136].
   b) Excipit bellicam peregrinamque mortem (Cícero, *De Legibus*, 2,23).

6. a) Haec praeterea sunt in legibus...: "servilis unctura tollitur omnisque circumpotatio"... "Ne sumptuosa respersio, ne longae coronae, nec acerrae" (Cícero, *De Legibus,* 2,23).

TÁBUA X
DO DIREITO SAGRADO

1. Não seja sepultado nem queimado, dentro da cidade, qualquer cadáver humano.
2. Não façais mais isto: não políeis a madeira para as fogueiras (piras).
3. Ficando, portanto, reduzida a sumptuosidade do luto a três véus, uma pequena túnica púrpura e a dez flautistas, e, além disso, aboliu também as lamentações.
4. As mulheres não arranhem os rostos nem gritem nos funerais.
5. a) Não se recolham os restos mortais de um homem para, depois, lhe fazer um funeral.
b) Excepção para aqueles que morressem na guerra ou em terra estrangeira.
6. a) Existem estes preceitos nas leis (das XII tábuas): suprime-se a unção pelos escravos e toda a bebida, "nem sumptuosos derrames de vinho, nem grandes coroas, nem acerras (altar no qual se queimava o incenso)".

b) Murrata potione usos antiquos indicio est, quod... XII tabulis cavetur, ne mortuo indatur[137] (Festo, *De verborum significatione*, 158).

7. QUI CORONAM PARIT IPSE PECUNIAVE EIUS HONORIS VIRTUTISVE ERGO ARDUUITUR EI...[138]

8. NEVE AURUM ADDITO. AT CUI AURO DENTES[139] IUNCTI ESCUNT, AST IM CUM ILLO SEPELIET URETVE, SE FRAUDE ESTO.

9. Rogum bustumve novum vetat proprius LX pedes adigi aedes alienas invito domino[140] (Cícero, *De Legibus*, 2,24,61).

10. Forum[141] bustumve usu capi vetat (Cícero, *De Legibus*, 2,24,61).

b) Deduz-se que os antigos usaram poções com mirra porque na *Lei das XII Tábuas* se adverte que não se coloquem no morto.

7. Aquele que conquistar uma coroa, pelos seus escravos, pelos seus cavalos, ou pelos seus próprios méritos, que a mesma lhe seja colocada durante o funeral, sem que isso seja considerado fraude.

8. Não coloqueis ouro na sepultura. Mas se alguém tiver dentes de ouro, enterrem--no ou queimem-no com eles, sem que isso seja ilícito.

9. A *Lei das XII Tábuas* proíbe colocar a pira funerária nova, ou o local de incineração, a menos de sessenta passos de um edifício alheio, contra a vontade do seu dono.

10. Proíbe-se de adquirir por usucapião o fórum (vestíbulo do sepulcro), ou o local da incineração.

[131] De acordo com Cícero (*De Legibus*, II, 23), *ne sepelito* é referente ao cadáver e não às cinzas.

[132] Esta lei apresenta medidas de precaução no sentido de prevenir os incêndios, no caso de cremação, e eventuais infestações, no caso dos enterros. A respeito dos enterros, dentro dos limites da cidade, leiamos a sábia advertência de Santo Isidoro: "Não vão infectar-se os vivos com o fedor dos mortos" (*Etimologia*, 15, 11, 1).

[133] Fogueiras fúnebres, piras.

[134] Esta lei, bem como a anterior, visava uma redução das despesas supérfluas nos funerais.

[135] De acordo com Sextus Aelius e L. Acillius, esta palavra estaria relacionada com espécie de vestimenta fúnebre. Porém, para L. Aelius significaria lamentações fúnebres, e é neste sentido que Cícero a toma (*cf.* Vandick Nóbrega, *A Lei das XII Tábuas*, Jornal do Comércio, Rio de Janeiro, 1947, p. 117).

[136] Procurar evitar que fossem celebrados vários funerais para o mesmo defunto, com as devidas excepções referidas na alínea b) desta lei.

[137] *cf. Supra* nota 134.

[138] Apesar de todas as restrições na sumptuosidade dos funerais, é aberta uma excepção para todos aqueles que tenham, através do seu mérito, alcançado uma dignidade pública que deveria ser reconhecida e eternizada, a qual estender-se-ia igualmente aos seus pais (*cf.* Cícero, *De legibus*, 2, 24, 60 e Plínio, *História Natural*, 21, 3, 7).

[139] O ouro de próteses dentárias não era levado em conta nestas situações.

[140] Tal como a primeira lei desta tábua, terão sido questões de segurança que estarão na base da sua criação.

[141] Vestíbulo do sepulcro.

TABULA XI

1. Qui (Xviri) cum X tabulas summa legum aequitate prudentiaque conscripsissent, in annum posterum Xviros alios subrogaverunt... qui duabus tabulis iniquarum legum additis... conubia... ut ne plebi cum patribus essent, inhumanissima lege sanxerunt[142] (Cícero, *De Republica*, 2,36).

2. [143]Tuditanus refert, ... Xviros, qui decem tabulis duas addiderunt, de intercalando populum rogasse. Cassius eosdem scribit auctores (Macróbio, *Saturnalia*, 1,13,21).

3. E quibus (libris de rep.) unum... requiris de Cn. Flavius Anni f. Ille vero ante Xviros non fuit: quippe qui aedilis curulis fuerit, qui magistratus multis annis post Xviros institutus est. Quid ergo profecit, quod protulit fastos?[144] Occultatam putant quodam tempore istam tabulam, ut dies agendi peterentur a paucis[145] (Cícero, *Ad Atticum*, 6,1,8).

TÁBUA XI
TÁBUA SUPLEMENTAR

1. Tendo aqueles (decenviros) redigido dez tábuas de leis com grande equidade e prudência, no ano seguinte elegeram, no seu lugar, outros decenviros... que acrescentaram duas tábuas de leis iníquas... proibiram, com uma lei muito desumana, o casamento de plebeus com patrícios.
2. Tuditano refere que... os decenviros, que acrescentaram duas tábuas às dez, inquiriram o povo sobre a intercalação. Cássio também escreve isso.
3. De entre os quais (livros sobre a república)... de Cneo Flávio, filho de Annio. Com efeito, este não é anterior aos decenviros; na verdade, foi edil curul, magistratura instituída muitos anos após os decenviros. Para que serviu, pois, que tornara públicos, os (dias) fastos? Pensa-se que esta tábua foi ocultada durante um certo tempo, pelo que se deveria perguntar a uns poucos quais eram os dias em que se podia agir em juízo.

[142] A proibição do *conubium* entre patrícios e plebeus, presente na tábua XI, foi mais tarde permitida através da *Lex Canuleia* em 445 a.C.

[143] As últimas leis da tábua XI referem-se a alterações ao calendário.

[144] Os *dies fasti*, aqueles em que se podia agir em juízo, eram inicialmente quarenta (Vandick Nóbrega, *A Lei das XII Tábuas*, Jornal do Comércio, Rio de Janeiro, 1947, p. 121).

[145] A publicação dos dias fastos, por Cneus Flavius, "foi de grande utilidade para melhor orientar todos aqueles que tinham demandas judiciárias" (*ibidem*).

[146] Trata-se da *manus iniectio*, ou seja, a apreensão de bens, por parte do credor, e contra o devedor, sempre que este não pagasse o valor da compra ou aluguer de um animal para sacrifício.

TABULA XII

1. Lege autem introducta est pignoris capio, veluti lege XII tabularum adversus eum, qui hostiam emisset nec pretium redderet; item adversus eum, qui mercedem non redderet pro eo iumento, quod quis ideo locasset, ut inde pecuniam acceptam in dapem, id est in sacrificium, impenderet[146] (Gaio, *Inst.*, 4,28).

2. a) SI SERVUS FURTUM FAXIT NOXIAMVE NO[X]IT.

   b) Ex maleficio filiorum familias servorumque... noxales actiones proditae sunt, uti liceret patri dominove aut litis aestimationem sufferre aut noxae dedere... Constitutae sunt autem noxales actiones aut legibus aut edicto praetoris: legibus, velut furti lege XII tabularum... (Gaio, *Inst.*, 4,75-76).

TÁBUA XII
TÁBUA SUPLEMENTAR

1. Através de uma lei como a das XII Tábuas, introduziu-se a toma de penhor contra aquele que, tendo comprado um animal mediante empréstimo para sacrificar aos deuses, não pagasse o preço e, também, contra aquele que não pagasse o preço obtido pelo aluguer de um animal, se tal preço estivesse destinado a um banquete sagrado, isto é, a um sacrifício.

2. a) Se um escravo cometer furto ou causar algum outro dano (será dado para compensar o dano).

   b) Pelos delitos dos filhos de família e dos escravos... deram-se acções noxais, para que fosse lícito ao pai, ou dono, suportar a estimação da lide, ou entregar o delinquente... As acções noxais criaram-se, ou pelas leis, ou pelo delito do pretor: pelas leis, por exemplo a de furto, pela *Lei das XII Tábuas*.

3. SI VINDICIAM[147] FALSAM TULIT, SI VELIT IS ...TOR[148] ARBITROS TRIS DATO, EORUM ARBITRIO ...FRUC-TUS DUPLIONE DAMNUM DECI-DITO.

4. Rem, de qua controversia est, prohibemur (lege XII tabularum) in sacrum dedicare, alioquin dupli poenam patimur, ... Sed duplum utrum fisco an adversario praes-tandum sit, nihil exprimitur (Gaio, *Digesta*, 44,6,3).

5. In XII tabulis legem esse, ut quodcumque postremum populus iussisset, id ius ratumque esset (Tito Lívio, 7,17,12).

3. Se alguém obtém, de má fé, a posse de uma coisa litigiosa, nesse caso, o pretor nomeia três árbitros e, por sentença destes, será condenado a restituir o dobro dos frutos.
4. Proibimos (pela *Lei das XII Tábuas*) consagrar uma coisa pela qual se litiga, caso contrário sofremos a pena a dobrar... Porém, não apresenta nada acerca do dobro que se deve entregar, se ao fisco, se ao adversário.
5. Existe uma *Lei das XII Tábuas*, segundo a qual, qualquer decisão definitiva que o povo adoptar seja considerada lei.

[147] Segundo Festo, deriva de *vis* (força). Neste sentido, *vindiciae* é referente às coisas que são objecto de um litígio.

[148] Esta palavra apresenta-se incompleta e Vandick coloca a hipótese de se tratar de *quaestor* ou *recuperator* (*cf.* Vandick Nóbrega, *A Lei das XII Tábuas,* Jornal do Comércio, Rio de Janeiro, 1947, p. 124).

FRAGMENTA INCERTA SEDIS

1. Nancitor (nanxitor *Mueller*) in XII nactus erit, prenderit (Festo, *De Verborum Significatione*, 166).

2. Quando – in XII – cum c littera ultima scribitur [*id est* quandoc] (Festo, *De Verborum Significatione*, 258).

3. «Sub vos placo» in precibus fere cum dicitur, significat id quod «supplico» (supplicio *cod.*), ut in legibus «transque dato, endoque (edendoque *cod.*) plorato» (Festo, *De Verborum Significatione*, 309).

4. «Dolo malo» quod addidit «malo», aut ἀρχχσμός est, quia sic in XII a veteribus scriptum est,/ aut ἐπίθετον doli est perpetuum (Donato, *ad Terentium Eun.* 3, 3, 9).

5. Ab omni judicio poenaque provocari licere indicant XII tab. Compluribus legibus (Cícero, *De Republica*, 2, 31, 54).

FRAGMENTOS DIVERSOS
DE COLOCAÇÃO DUVIDOSA

1. Nas XII Tábuas nancistor é aquele que encontra.
2. "Quando", nas XII (Tábuas), escreve-se com um *c* no final (isto é *quandoc*).
3. "Sub vos placo", quando se profere num pedido, significa aquilo que suplico, como nas leis "transque dato" e "endoque plorato".
4. "Dolo malo" ... quando ... se acrescenta mau ... é um arcaísmo, porque assim foi escrito pelos antigos na *Lei das XII Tábuas*.
5. As XII Tábuas, em muitas leis, indicam o poder apelar contra toda a sentença e toda a pena.

6. Nullum – vinculum ad adstringendam fidem jurejurando majores artius esse voluerunt, id indicant leges in XII tabulis (Cícero, *De officiis*, 3, 31, 111).

7. «Octo genera poenarum in legibus esse scribit Tullius: damnum, vincula, verbera, talionem, ignominiam, exilium, mortem, servitutem» (*cf.* S. Isidoro, *Origines*, v, 37 e S. Agostinho, *De ciuitate Dei*, 21, 11).

8. Olim aereis tantum nummis utebantur et erant asses, dupondii, semisses, quadrantes, nec ullus aureus vel argenteus nummus in usu erat, sicuti ex lege XII tab. Intellegere possumus (Gaio, 1, 122).

9. Duobus negativis verbis quasi permittit lex XII tab. Magis quam prohibuit: idque etiam Servius Sulpicius animadvertit (Gaio, *Digesta*, 50, 16, 237).

10. «Detestatum» est testatione denuntiatum (Gaio, *Digesta*, 50, 16, 238, 1).

6. Os nossos antepassados quiseram que não existisse nenhum vínculo mais forte para ligar a fé do que o juramento, assim o indicam as leis nas XII Tábuas.

7. Túlio escreve que nas leis existem oito tipos de pena: pecuniária, prisões, açoites, talião, infâmia, desterro, morte e escravidão.

8. Antigamente só se utilizavam moedas de bronze, que eram asses, meio asses, dupôndios (correspondentes a dois asses), quadrante (um quarto de asse). Não se usavam moedas de ouro ou prata, como se pode deduzir da *Lei das XII Tábuas*.

9. A Lei (das XII Tábuas), com duas palavras negativas, mais permite do que proíbe; e isso também o observa Sérvio Sulpício.

10. "Detestatum" significa ser notificado com testemunha.

11. per ipsum fere tempus, ut decem-viraliter loquar, lex de praescriptione tricenii fuerat «proquiritata» (Sidónio Apolinário, *Epistulae*, 8, 6, 7).
12. duodecim tabulis ortus – et occasus nominatur (Plínio, *História Natural*,VII, 60, 212).

11. Mais ou menos pela mesma altura, para falar como os decenviros, a lei da prescrição trienal estava proclamada.
12. Nas XII Tábuas surgem nomeados o nascer e o pôr-do-sol.

BIBLIOGRAFIA

CARRILHO, Fernanda, *Dicionário de Latim Jurídico*, Livraria Almedina, Coimbra, 2006

CORTILLINI, *Nereo, Leggi delle XII Tavole*, Sociéta Editrice Sonzogno, Milano, 1900

CRUZ, Sebastião da, *Direito Romano*, vol. I, Gráfica de Coimbra, Coimbra, 1984

MONCADA, Luís Cabral, *Elementos de História do Direito Romano*, I vol, Coimbra Editora, Coimbra, 1923

NÓBREGA, Vandick Londres da, *A Lei das XII Tábuas,* Jornal do Comércio, Rio de Janeiro, 1947